AF226345

DÉSIGNATION DES OBJETS

TABLEAUX ANCIENS

1 — **Angelico** (Attribué à **Fra**). Dieu le Père, Dieu le Fils et plusieurs saints.

2 — **Albane**. Nymphes surprises par les amours. Peinture sur cuivre. Cadre ancien en bois sculpté.

3 — **Backhuysen** (Attribué à). Marine. Cadre sculpté.

4 — **Barroche**. Apparition à un moine. Cadre italien.

5 — **Basaïti** (**Marco**). La Vierge et l'Enfant Jésus. Cadre italien sculpté et doré.

6 — **Bega** (**Cornille**). Scène de cabaret.

7 — **Berghem** (Attribué à). Marche d'animaux.

8 — **Biset** (**G. E.**). Le Jugement de Pâris. Signé.

9 — **Bloemaert** (**Abraham**). Vertumne et Pomone. Cadre sculpté.

10 — **Boilly**. Portrait de Pixérécourt.

11 — **Breughel de Velours**. Paysage avec nombreuses figures au premier plan. Tableau très fin.

12 — **Breughel de Velours**. Village traversé par un canal.

13 — **Breughel** et **Van Balen**. Pan et Syrinx. Cadre ancien en bois sculpté.

14 — **Callot** (**?**). Bohémiens près d'une ferme.

15 — **Canaletti** (Attribué à). Une Place à Venise.

16 — **Cereso** (**Matteo**). Sainte Madeleine. Cadre en bois sculpté.

17 — **Challe** (**Michel-Ange**). Léda.

18 — **Colonia**. Pâturage.

19 — **Cuyp** (Genre de). Poissons.

20 — **De Marne**. Vue de Hollande. Tableau de la première manière du peintre.

21 — **Denner?** (**Balthazar**). Portrait.

22 — **Dow** (D'après **Gérard**). La Cuisinière hollandaise.

23 — **Duplessis** (**M. H.**). Convoi de troupes.

24 — **Dyck** (Attribué à **Anton**). La Vierge, l'Enfant Jésus et le petit saint Jean. Cadre sculpté.

799 | Chambre des Commissaires-Priseurs
Envoi à la Section
des Monuments Historiques

Vente des Lundi 22, Mardi 23 et Mercredi 24 Juin 1891

HOTEL DROUOT, SALLE N° 1.

Après décès de Mme Ve F. W...

MOBILIER

Tableaux Anciens et Modernes

SCULPTURES ITALIENNES

CURIOSITÉS DIVERSES

EXPOSITION PUBLIQUE

Le Dimanche 21 Juin 1891, de 1 h. 1/2 à 5 h. 1/2

Me PAUL CHEVALLIER | M. CHARLES MANNHEIM
COMMISSAIRE-PRISEUR | EXPERT
10, rue Grange-Batelière, 10. | 7, rue Saint-Georges, 7.

37149578

CATALOGUE

DU

MOBILIER

DES

TABLEAUX ANCIENS

Des Écoles italienne, française, flamande et hollandaise

DES

TABLEAUX MODERNES

Six Études d'enfants par M. DESBOUTIN

DESSINS, PASTELS, GRAVURES

Objets de vitrine, Miniatures, Ivoires, Argenterie, Curiosités du Japon

SCULPTURES ITALIENNES

EN MARBRE, TERRE CUITE ET STUC

BRONZES D'ART ET D'AMEUBLEMENT

Portière en tapisserie du XVIIᵉ siècle

Trois Pianos droits
Ameublements de Salons, Bureau, Salle à manger
Chambres à coucher, etc.

DONT LA VENTE AURA LIEU

Après décès de Mᵐᵉ veuve F. W.

HOTEL DROUOT, SALLE Nᵒ 1

Les Lundi 22, Mardi 23 et Mercredi 24 Juin 1891

A DEUX HEURES

Mᵉ PAUL CHEVALLIER	M. CHARLES MANNHEIM
COMMISSAIRE-PRISEUR	EXPERT
10, rue de la Grange-Batelière, 10	7, rue Saint-Georges, 7

EXPOSITION PUBLIQUE

Le Dimanche 21 Juin 1891, de 1 heure 1/2 à 5 heures 1/2

DON 1995002828

8° V36 - 31785

CONDITIONS DE LA VENTE

Elle sera faite *expressément* au comptant.

Les Acquéreurs payeront CINQ POUR CENT en sus des adjudications, applicables aux frais de la vente.

L'exposition mettant le public à même de se rendre compte de l'état des objets, il ne sera admis aucune réclamation une fois l'adjudication prononcée.

Paris. — Imp. de l'Art. E. Ménard et Cie, 41, rue de la Victoire

25 — **Ecole allemande.** Paysage montagneux.

26 — **Ecole allemande.** Repos de la Sainte Famille.

27 — **Ecole anglaise.** Portrait de femme vêtue de blanc. Cadre en bois sculpté.

28 — **Ecole anglaise.** Intérieur d'un palais. Esquisse attribuée à Bonington.

29 — **Ecole anglaise.** Portrait de Anne Radcliffe.

30 — **Ecole anglaise.** La Jeune Fille charitable.

31 — **Ecole anglaise.** Deux portraits.

32 — **Ecole de Cologne** (xve siècle). Le Martyre de saint André. Curieux costumes du Moyen-Age. Cadre en bois sculpté.

33 — **Ecole française** (xviiie siècle). La Petite Bergère.

34 — **Ecole française.** Portrait de jeune fille caressant un chien. Cadre ancien en bois sculpté.

35 — **Ecole flamande.** Danse de villageois.

36 — **Ecole florentine** (xve siècle). La Vierge adorant l'Enfant Jésus soutenu par un ange.|

37 — **Ecole hollandaise.** Bateaux sur un canal. Cadre ancien en bois sculpté.

38 — **Ecole hollandaise.** Les Dunes de Scheveningen.

39 — **Ecole italienne primitive**. Triptyque. Saint François d'Assise.

40 — **Ecole italienne**. Le Triomphe de l'amour.

41 — **Ecole italienne**. L'Adoration des bergers.

42 — **Ecole italienne**. L'Enfant Jésus endormi.

43 — **Ecole vénitienne**. Le Mariage mystique de sainte
Catherine. Cadre en bois sculpté.

44 — **Ecole vénitienne**. La Déposition de la croix.

45 — **Eeckout** (Attribué à **Van**). Joseph pardonnant à ses
frères. Peinture en grisaille.

46 — **Ferg** (**Paule**). Pastorale.

47 — **Flinck** (**Govaert**). La Vierge allaitant l'Enfant
Jésus.

48 — **Fra Bartolomeo** (École de). La Vierge, l'Enfant,
deux évêques et un donateur.

49 — **Goyen** (**Jean Van**). Paysage de Hollande, animé de
figurines. Petit tableau de la première manière du
maître. Signé en toutes lettres.

50 — **Gregor** (**Gillis Smak**). Deux Vaches. Signé.

51 — **Guido Reni** (École de). Le Couronnement de la
Vierge.

52 — **Guttenbrun** (1780). Portrait d'enfant.

53 — **Hals** (Attribué à **Frans**). Portrait de jeune garçon.
Cadre sculpté et doré.

54 — **Hals** (Attribué à **Frans**). Enfant tenant un hochet.
Cadre sculpté et doré.

55 — **Hamilton**. Portrait d'un commandant d'armée.

56 — **Heemskerk**. Intérieurs de cabarets. Deux pendants.

57 — **Heyden** (Genre de **J. vander**). Ville de Hollande.

58 — **Huysmans**. Cavaliers et groupes de villageois dans
un bois. Cadre sculpté.

59 — **Janssens**. La Partie de musique. Cadre ancien en
bois sculpté.

60 — **Keerincks**. Paysage boisé, avec groupe de figures
attribuées à Poelemburg.

61 — **Loo** (**César Van**). Paysage ; effet de neige.

62 — **Loutherbourg**. Deux paysages en pendants.

63 — **Mabuse** (**Jan de**). La Vierge allaitant l'Enfant
Jésus.

64 — **Mans** (**François**). Kermesses flamandes ; deux tableaux en pendants. Cadres sculptés anciens.

65 — **Michau** (**Théobald**). Deux petits paysages, avec
figurines. Cadres sculptés.

66 — **Mieris (Willem Van).** Rubis sur l'ongle. Provenant de la collection du chevalier de Coninck de Merckem.

67 — **Mignard.** Portrait d'homme, avec vêtement garni de fourrure. Cadre ancien en bois sculpté.

68 — **Mint.** Chats. Deux dessins rehaussées d'aquarelle.

69 — **Moillon (Louise).** Fraises et cerises.

70 — **Moorelse** (Attribué à). Portrait d'une dame hollandaise, avec pèlerine de guipure.

71 — **Murillo** (École de). L'Enfant au chien.

72 — **Netscher (Théodore).** Portrait de dame tenant un petit chien. Cadre ovale en bois sculpté.

73 — **Netscher** (D'après). Le Joueur de flageolet.

74 — **Ommeganck** (Attribué à). Moutons dans un pré.

75 — **Ostade** (Genre de). Le Savant.

76 — **Peeters (Bonaventure).** Mer houleuse. Cadre en bois ancien.

77 — **Pérugin** (Attribué à). La Vierge et l'Enfant Jésus. Cadre italien en bois sculpté, de style Renaissance.

78 — **Pistoja (Gerino da).** La Sainte Famille aux anges. Cadre italien en bois sculpté.

79 — **Querfurt.** Halte de cavaliers. Cadre ancien en bois sculpté.

80 — **Ribera** (École de). Saint-Pierre.

81 — **Ricci** (**Sebastiano**). Figures allégoriques. Motif de plafond. Belle esquisse dans un cadre Louis XIV sculpté et doré.

82 — **Roos** (**Jan-Henri**). Le Repos des bergers. Cadre ancien.

83 — **Rubens** (École de). Deux Enfants.

84 — **Ruysch** (**Rachel**). Fleurs.

85 — **Saint-Aubin**. Intérieur d'atelier. Esquisse.

86 — **Schendel** (**Van**). Paysages de Hollande au clair de lune. Deux pendants. Cadres sculptés.

87 — **Streek** (**Jurian Van**). Nature morte, pots et plats en étain, saladier en faïence.

88 — **Teniers** (Attribué à). Les Tireurs d'arc.

89 — **Teniers** (École de). Les Quatre Saisons. Quatre tableaux avec des cadres sculptés.

90 — **Teniers** (École de). Deux types de villageois. Cadres en bois noir.

91 — **Teniers** (École de). Intérieur de cuisine.

92 — **Teniers** (École de). Le Repas.

93 — **Terburg** (**G.**). Portrait d'homme.

94 — **Terburg (Gesina).** Portrait d'une dame hollandaise, en robe noire. Signé.

95 — **Tiepolo (Domenico).** Figures mythologiques et architecture. Motif de décoration.

96 — **Troy (De).** Portrait d'un gentilhomme, grandeur nature, à mi-jambes.

97 — **Uccello** (Attribué à Paolo). La Vierge et l'Enfant Jésus. Intéressante peinture de l'école primitive florentine.

98 — **Vallin.** Bacchante.

99 — **Verelst (S.).** Bouquet de fleurs. Signé.

100 — **Verelst.** Nature morte.

101 — **Vois (Arie de).** Portrait d'homme, représenté en berger Pâris. Charmant petit tableau, signé et daté 1680. Cadre en bois sculpté.

102 — **Vois (Arie de).** Figure de pèlerin. Signé du monogramme.

103 — **Watteau** (École de). Portrait d'homme, peint sur une planche de cuivre gravée.

104 — **Werff (P. Vander).** L'Enfant à la souricière. Tableau de belle qualité provenant de la collection du duc de Choiseul. Il a été gravé.

105 — **Wouwerman** (Attribué à **P.**). Le Cheval blanc. Cadre ancien en bois sculpté.

TABLEAUX MODERNES

106 — **Brown (John-Lewis)**. Halte de chasseurs.

107 — **Crome** (Attribué à). Cerfs en forêt. Cadre ancien en bois sculpté.

108 — **Desboutin (M.)**. L'Enfant au masque.

109 — **Desboutin (M.)**. Le Petit Guitariste.

110 — **Desboutin (M.)**. Fillette tenant un masque.

111 — **Desboutin (M.)**. Enfant au sablier.

112 — **Desboutin (M.)**. Scène enfantine.

113 — **Desboutin (M.)**. Enfant lisant.

114 — **Ennhuber (Carl)**. Le Peintre de poupées.

115 — **Forain**. La Leçon de piano.

116 — **Gavarni**. Pierrot déménageant. Plume et aquarelle.

117 — **Gyselinckx (J.)**. 1871. Combat de coqs.

118 — **Michel de l'Hay**. Vue de Cherbourg.

119 — **Ottevaire (1827)**. Pâturage.

120 — **Ribot (Germain)**. Bouquet dans un vase en faïence.

121 — **Sisley**. Environs de Paris.

122 — **Stevens** (**J**.). Chien dans le poulailler.

123 — **Tassaert** (Attribué à). Femme et enfant.

124 — **Veyrassat**. Retour à la ferme.

125 — **Vidal** (**Eug.**). Dame lisant. Pastel.

126 — **Zezzos**. Fillette du peuple, à Venise. Aquarelle.

127 — **Zezzos** (1878). Types vénitiens. Six aquarelles.

128 — **Ecole moderne**. Fruits et fleurs.

129 — Divers tableaux anciens et modernes seront vendus sous ce numéro.

GRAVURES

130 — Gravures encadrées ; l'Hémicycle des Beaux-Arts, de Paul Delaroche ; la Madone de Saint-Sixte, d'après Raphael, etc., etc.; lithographies, photographies.

PORCELAINES, FAIENCES

131 — Porcelaines de Sèvres, décorées de figures peintes d'après l'antique. Époque du premier Empire.

132 — Cabaret à thé en porcelaine de Sèvres, au chiffre de Napoléon III.

133 — Vases ovoïdes à anses serpents et piédouches en Saxe, bleu et or.

134 — Assiettes en ancienne porcelaine de Chine, gaufrée et à décor de fleurs en émaux de couleurs.

135 — Vases en céladon craquelé, à décor de branchages en bleu.

136 — Porcelaines de Saxe et d'Allemagne : assiettes, vases, tasses, coffrets, figurines, groupes, garniture de cheminée.

137 — Porcelaine décorée genre Sèvres.

138 — Garnitures, potiches, plaques, plats, etc., en faïence de Delft.

139 — Faïences et porcelaines anciennes et modernes.

OBJETS DE VITRINE

140 — Deux miniatures en grisaille sur ivoire, par Sauvage : Marie-Antoinette et Louis XVII.

141 — Plusieurs miniatures du xviiie siècle.

142 — Miniature sur vélin : Portrait d'homme, époque Louis XIV. Cadre sculpté.

143 — Deux miniatures à l'huile, d'après Van Dyck, dans des cadres italiens en bois noir incrusté de matières dures.

144 — Tasse à deux anses en agate grise. Travail chinois.

145 — Nombreux objets de vitrine en ivoire, en bronze, en porcelaine, etc.

146 — Camées et mosaïques.

147 — Théière, sucrier et pot à crème en argent martelé à facettes et à branchages en relief.

148 — Objets de vitrine en argent : gondoles, boîte en forme de soulier, corbeilles filigranées, passe-thés, etc., etc.

149 — Plusieurs bénitiers et petites lampes anciennes en argent.

150 — Flacon formé d'un cygne, en émail de Saxe.

151 — Nombreux petits bronzes.

CURIOSITÉS DIVERSES

152 — Boîte à écritoire en bois, décorée de figures en laque doré, les chairs en incrustations d'ivoire. Travail japonais.

153 — Netsuké en ivoire : Enfant au coq.

154 — Plusieurs netsukés et figurines japonaises en ivoire.

155 — Vases en bronze du Japon.

156 — Boîte à châle en laque, décorée sur le couvercle de branchages en relief et d'écureuils en laque d'or ; elle repose sur des éléphants en bronze ; plus, une table de style chinois en bois noir sur pieds trompes d'éléphants.

157 — Écran chinois bois noir, avec feuille à figures et ornements en nacre et pierres de lard.

158 — Garniture de cinq pièces en émail cloisonné de la Chine : brûle-parfums, flambeaux et cornets.

159 — Jeu de trictrac en marqueterie de bois et d'ivoire du xviie siècle, avec pions en bois frappé.

160 — Broderie sur toile : Christ en croix et figures de saints. Travail allemand du xve siècle.

161 — Nombreux ivoires anciens et modernes, bas-reliefs, figurines, vases.

162 — Portière en tapisserie du xviie siècle : Vue de parc, avec bordure formée d'une guirlande de fleurs et de fruits.

SCULPTURES

163 — MARBRE BLANC. Bas-relief circulaire : le Repos de la Sainte Famille. École italienne.

164 — MARBRE BLANC. Plusieurs médaillons : portraits de cardinaux et autres.

165 — MARBRE BLANC. Bas-relief sans fond : la Vierge et l'Enfant Jésus. Italie. XVIᵉ siècle.

166 — MARBRE BLANC. Bas-relief rectangulaire : la Vierge et l'Enfant Jésus. Italie. XVIᵉ siècle.

167 — MARBRE ET PIERRE. Cinq pièces : bas-reliefs et fragments.

168 — TERRE CUITE. La Madeleine. Travail italien du XVIᵉ siècle.

169 — TERRE CUITE ET PEINTE. La Vierge et l'Enfant Jésus. Travail italien. Cadre à fronton en bois noir.

170 — AUTRE.

171 — TERRES CUITES. Bas-reliefs : la Résurrection et la Sainte Famille.

172 — STUC ET TERRE CUITE. Huit bas-reliefs italiens des XVᵉ et XVIᵉ siècles : Madones avec l'Enfant Jésus.

BRONZES D'ART ET D'AMEUBLEMENT

173 — Grande coupe de style antique. Bronze de chez Barbedienne.

174 — Deux groupes composés chacun de deux enfants portant une corbeille de fleurs. Bronze de chez Susse.

175 — La Baigneuse, de Falconet ; statuette en bronze munie d'une patine noire.

176 — Coffret en bronze en forme de maisonnette, avec parties dorées. Travail japonais.

177 — Groupe en bronze : Napoléon à Sainte-Hélène.

178 — Pendule Louis XVI, pyramide, en bronze doré, avec figurine de génie en bronze à patine noire.

179 — Deux figurines d'enfants en bronze à patine noire.

180 — Belle garniture de cheminée : pendule, candélabres et coupes, à figures allégoriques en bronze argenté, sur socles en onyx d'Algérie.

181 — Plusieurs garnitures de cheminée.

182 — Plusieurs suspensions, lustres et appliques, aménagés pour l'éclairage au gaz.

MEUBLES

183 — Piano droit, de Pleyel.

184 — Piano droit, de Flaxland.

185 — Piano droit, de Gervex.

186 — Meuble à deux corps, en marqueterie de bois de couleurs, à carrelage et tortils de rubans ; le bas en forme de commode, à dessus de marbre ; le corps supérieur ouvrant à deux portes vitrées.

187 à 192 — Six petits meubles en acajou, garnis de baguettes de cuivre poli : guéridon, tricoteuse, console à tiroir, bureau à cylindre, commode cintrée, petite table de dame.

193 — Deux chaises style Louis XVI, en acajou, avec baguettes en cuivre ; dossiers à lyres.

194 — Meuble de salon, laqué blanc et garni en damas jaune, consoles sculptées, table, guéridon, etc.

195 — Deux gaines carrées en bois sculpté, laquées blanc et dorées, et décorées de peinture.

196 — Consoles-appliques en bois doré.

197 — Vitrine-applique style Louis XV, en bois doré.

198 — Deux glaces étroites dans des cadres Louis XV, en bois sculpté et doré.

199 — Ameublement de salle à manger en bois noir : buffet à deux corps, table, servantes, dix-huit chaises garnies en cuir gaufré ; paravent, etc.

200 — Grandes bibliothèques en bois noir.

201 — Grand chevalet porte-gravures, en bois sculpté.

202 — Nombreuses glaces.

203 — Ameublements de salons, de chambres à coucher, de bureaux, sièges capitonnés, etc.

204 — Tentures, rideaux, tapis, etc.

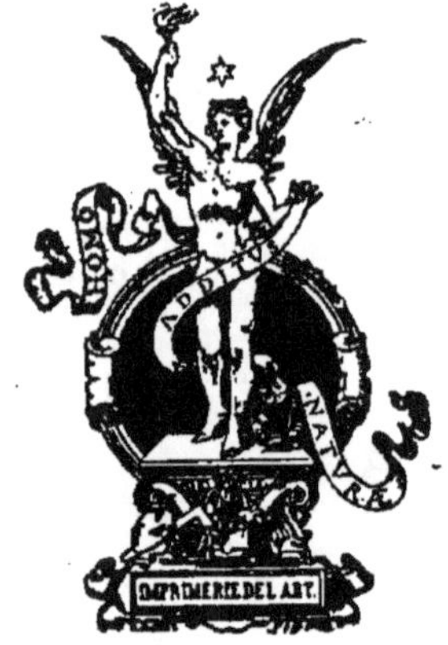

BIBLIOTHEQUE NATIONALE DE FRANCE

3 7531 01268175 6

www.ingramcontent.com/pod-product-compliance
Lightning Source LLC
Chambersburg PA
CBHW061622050726

47595CB00007B/3031